This book belongs to:

_____

_____

DO TEACHERS
GO TO
THE TOILET?

Gabriel Fitzmaurice

DO TEACHERS GO TO THE TOILET?

Illustrated by Stella Macdonald

MERCIER PRESS
IRISH PUBLISHER – IRISH STORY

MERCIER PRESS
Cork
www.mercierpress.ie

Trade enquiries to CMD BookSource,
55a Spruce Avenue, Stillorgan Industrial Park,
Blackrock, County Dublin

© Text: Gabriel Fitzmaurice, 2010
© Illustrations: Stella Macdonald, 2010

ISBN: 978 1 85635 657 2

10 9 8 7 6 5 4 3 2 1

A CIP record for this title is available from the British Library

Printed and bound in the EU.

Mercier Press receives
financial assistance from
the Arts Council/An Chomhairle
Ealaíon

For Éabha Lawlee, with love

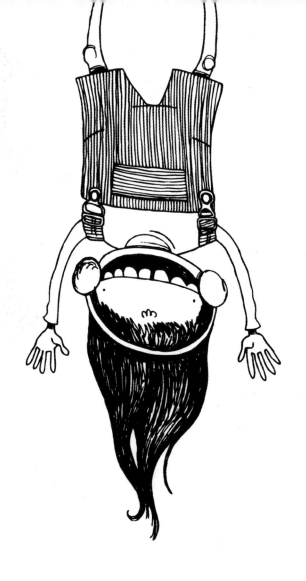

CONTENTS

Introduction   11

Mary had a Little Lamb   13

Slurry   14

Toilet Paper   16

Diarrhoea   17

Did You Ever Eat a Sandwich ...   18

At the Swimming Pool   20

An Aged Gentleman   22

Kisses   24

Sweeties   26

Two Infants Talking   28

A Poem for Éabha   30

Why?   32

Summer   34

Hallowe'en   36

Our Labrador   38

At the Beach   40

After the Match   42

My Hurley   44

The Singer   46

Introduction

Enjoy!

Gabriel Fitzmaurice

Mary had a Little Lamb

Mary had a little lamb,
Each morning she would greet her
And then one day the butcher came
And Mary got to eat her.

Slurry

I saw them spreading slurry, Mam –
'Twas worse than a smelly loo,
And, Mam, do you know what slurry is?
A tractor making poo!

Toilet Paper

Don't ever use cheap toilet roll,
It's worse than bad. *How come?*
'Cos your finger goes right through it
And you stick it up your bum.

Diarrhoea

I had a queasy tummy,
I went up to the loo
And when I'd done my business
I made poo juice instead of poo
And that's true!

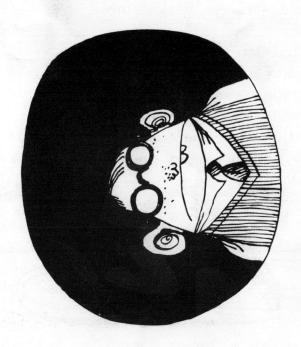

Did You Ever Eat a Sandwich While You're Looking at a Poo?

Did you ever eat a sandwich
While you're looking at a poo?
You try to think of 'sandwich'
But the poo keeps breaking through;

And the more you eat the sandwich,
The more it tastes of poo,
'Cos though you're thinking 'sandwich',
The poo keeps breaking through.
Oh! Did you ever eat a sandwich
While you're looking at a poo?

Did you?

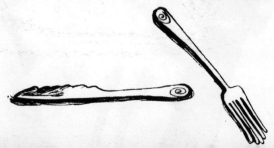

At the Swimming Pool

I won't go in the water,
I'm afraid I'll drown,
The water's wet, it's very wet
And the bottom's very down.

I won't go in the water,
Go on! Jump in! Swim! Dive!
Although I won't have any fun
At least I'll be alive,
I will.

At least I'll be alive.

An Aged Gentleman

He's just an aged gentleman
Washing up the ware
In his aged kitchen
Without an aged care;

He spits into the water
Where he has his aged cup
Then pours his tea into it
And drinks the whole lot up.

Yuck!

Kisses

A kiss! A kiss! Give us a kiss!
Because I'm small, they go on like this;
Everyone asking me to kiss 'em.
No more kisses! (And I won't miss 'em).

Sweeties

'I want sweeties, Daddy,'
Her finger wags at me,
'I want sweeties, Daddy,'
Her voice and eyes all glee;

'I want sweeties, Daddy,'
Her mouth so full of cheer,
'Daddy will get you sweeties, love;
I'll get you sweeties, dear.'

Two Infants Talking

Do teachers go to the toilet?

They do.
And they wear knickers too.
Honest.
It's true.
Teachers do.

THEY DO!

A Poem for Éabha

Our two-year-old, God bless her,
Has eyes as brown as deep
And yesterday she wanted to give
An orange to the sheep.

She kept on asking Mammy
Till her head was in a heap
From trying to explain that you can't give
An orange to a sheep.

For a sheep won't eat an orange
And baby had to weep
For no one, not even Mammy, could give
An orange to a sheep.

No! no one, not even Mammy,
   could give
An orange to a sheep.

Poor Éabha!

Why?

Why don't the birds
When they fly high
Bang off the sky?

Why?

Summer

The sun is shining 'way up high,
A farmer's cutting grass outside,
The bee is buzzing from flower to flower
And I'm inside from hour to hour –
All day in class without a break …
Let us out for God's sake!

Hallowe'en

Hallowe'en
Yippee! Yippee!
Barm brack
Yum! Yum!
For tea.

With mask and hat
I'm a witch today.
Hallowe'en
Hurrah! Hurrah!

Our Labrador

He drinks out of the toilet bowl
Widdle-widdle-wee,
He drinks out of the toilet bowl
Happy as can be;

He drinks out of the toilet bowl,
His tongue goes flick-flick-flick,
He drinks out of the toilet bowl
And never once gets sick.

Yuck!

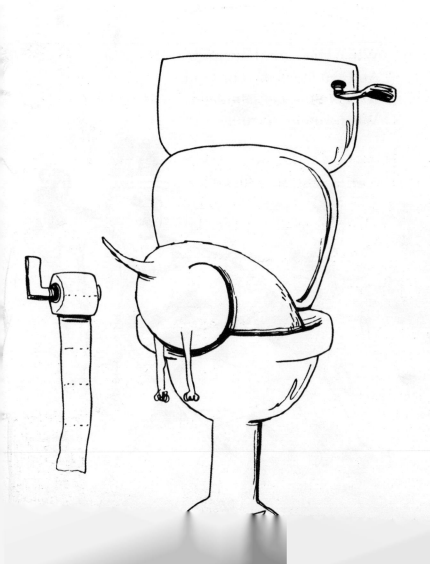

At the Beach

When you're at the seaside
And sand gets in your bum,
It feels a bit like sandpaper
When you try to run;

So you go into the toilet
And wipe off all the sand
Until your bum is free again
And everything is grand.

After the Match

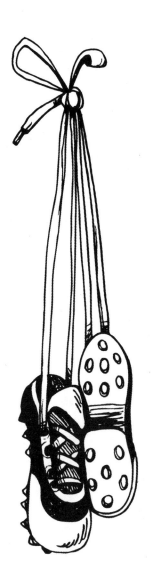

After the match
Each player
Got a plastic cup
Of *7-UP.*
But Val's cup
Fell.
His drink
Was in a pool
On the floor
And there was no more
To pour
So Val
Took off
His shirt
(Which was steaming
With sweat and dirt)
And mopped it up.

He squeezed the *7-UP*
From his shirt
Into his cup
And drank it
Every last sup
And no one took
A blind bit of notice.

That's football for you.

Yuck!

My Hurley

Left! Right! Left! Right!
Marching down the hall,
My hurley as a rifle.
About turn at the wall!

I'm a soldier, Mammy.
(A hurley's best by far –
Today it can be a gun,
Tomorrow a guitar).

The Singer

The song opens
From the centre of my heart,
I am the song here,
I am the singer.

I sing my hope,
I sing my love,
I sing my light,
I sing my trouble.

AN dTÉANN MÚINTEOIRÍ GO TIGH AN ASAIL?

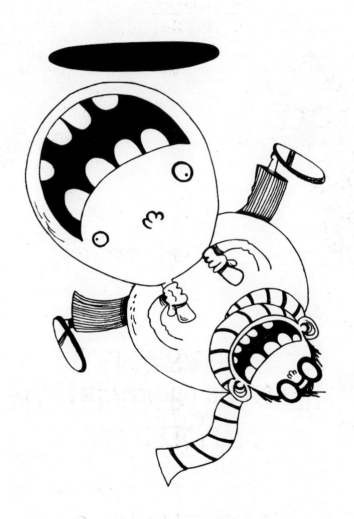

Gabriel Fitzmaurice

AN dTÉANN
MÚINTEOIRÍ GO TIGH
AN ASAIL?

Léaráidí le Stella Macdonald

MERCIER PRESS
IRISH PUBLISHER – IRISH STORY

MERCIER PRESS
Cork
www.mercierpress.ie

Trade enquiries to CMD BookSource,
55a Spruce Avenue, Stillorgan Industrial Park,
Blackrock, County Dublin

© Text: Gabriel Fitzmaurice, 2010
© Illustrations: Stella Macdonald, 2010

ISBN: 978 1 85635 657 2

10 9 8 7 6 5 4 3 2 1

A CIP record for this title is available from the British Library

Printed and bound in the EU.

Mercier Press receives
financial assistance from
the Arts Council/An Chomhairle
Ealaíon

Do Éabha Lawlee, le grá

An Clár

Réamhrá   11

Bhí Uainín ag Máire   13

Slurry   14

Páipéar Leithris   16

Buinneach   17

Ar Ith Tú Ceapaire Riamh ...   18

Sa Linn Snámha   20

Seanfhear   22

Póga   24

Sweeties   26

Beirt Naíonán ag Caint   28

Dán do Éabha   30

Cén Fáth?   32

Samhradh 34

Oíche Shamhna 36

Ár Labrador 38

Ag an Trá 40

Tar Éis an Chluiche 42

Mo Chamán 44

An tAmhránaí 46

Réamhrá

Bain súp as!

Gabriel Fitzmaurice

Bhí Uainín ag Máire

Bhí uainín ag Máire,
Ba chairde iad go buan
Ach tháinig an búistéir lá amháin
Is d'ith Máire an t-uan.

Slurry

Bhí feirmeoir ag leathadh *slurry* –
Bhí an boladh níos measa ná *loo*,
Is bhfuil fhios agat cad is *slurry*, Mam?
Tarracóir ag déanamh *poo!*

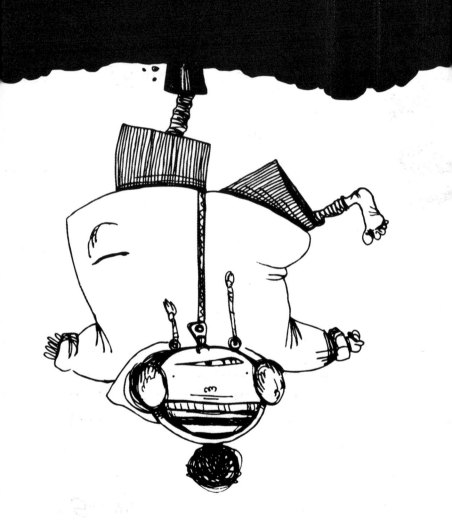

Páipéar Leithris

Droch-pháipéar sa leithreas,
Ná bíodh sé ann. Mo bhrón!
Mar briseann do mhéar an páipéar
Is téann isteach id' thóin.

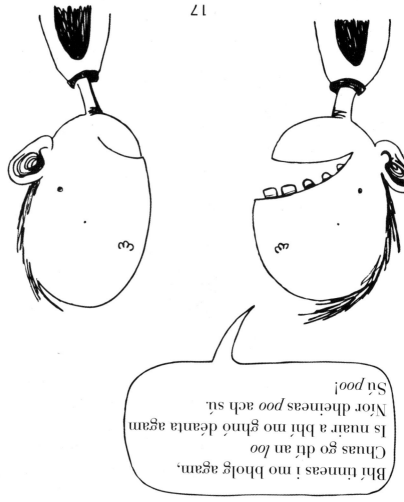

Buinneach

Ar Ith Tú Ceapaire Riamh Is Tú ag Breathnú ar Chac?

Ar ith tú ceapaire riamh
Is tú ag breathnú ar chac?
Ceapaire atá id' cheann agat
Ach briseann an cac isteach.

Smaoiníonn tú ar cheapaire
Ach ní bhlaiseann tú ach cac,
Ceapaire atá id' cheann agat
Ach briseann an cac isteach.
Ó ar ith tú ceapaire riamh
Is tú ag breathnú ar chac?

Ar ith?

Sa Linn Snámha

Ní raghaidh mé isteach sa linn snámha,
Tá eagla orm, faitíos.
Tá an t-uisce fliuch, tá sé ana-fhliuch
Is tá an t-urlár i bhfad uaim síos.

Ní raghaidh mé isteach sa linn snámha.
Isteach leat – a haon, a dó …
Cé nach mbeidh aon spórt agam,
Ar a laghad, beidh mé beo!
Beidh.

Ar a laghad, beidh mé beo!

— 1 m

Seanfhear

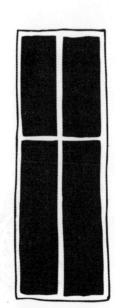

Níl ann ach seanfhear cneasta
Ag ní is ag triomú a ghréithre
Ina sheana-chistin
Gan aon rud ag cur as dó.

Caitheann sé seile san uisce
Ina bhfuil a shean-chupán
Ansin doirteann sé an tae isteach
Is ólann an t-iomlán.

Yuck!

Póga

Póg! Póg! Tabhair dom póg!
Mo léan! Toisc go bhfuilim óg
Bíonn cách ag súil le póga uaim –
Cuireann póga ormsa gruaim!

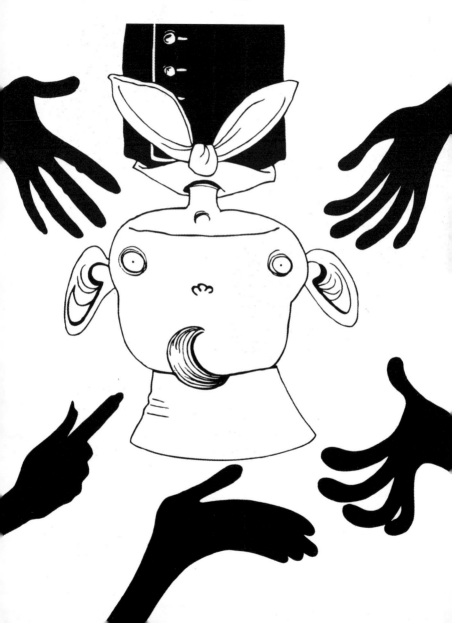

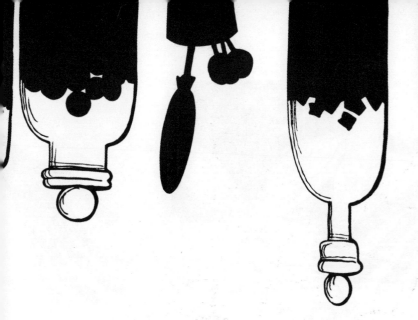

Sweeties

'Tá *sweeties* uaim, a Dhaidí!'
A méar ag bagairt grinn,
'Tá *sweeties* uaim, a Dhaidí!'
A guth is súile binn;

'Tá *sweeties* uaim, a Dhaidí!'
A béilín lán de spraoi,
'Gheobhaidh Daidí *sweeties* duit,
Gheobhaidh mé, a chroí!'

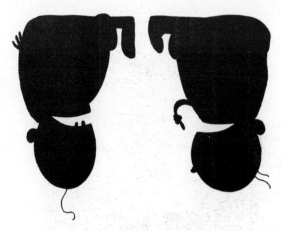

Beirt Naíonán ag Caint

An dteann múinteoirí go tigh an asail?

Téann.
Is caitheann siad *knickers* chomh maith.
Is fíor.
Caitheann múinteoirí *knickers*
Chun an fhírinne a rá
Is téann siad go tigh an asail.

Gach lá!

Dán do Éabha

Ar gcailín gleoite, dhá bhliain d'aois,
Le súile donna, móra,
Imé do theastaigh uaithi
Oráiste a thabhairt do chaora.

Lean sí uirthi ag ceistiú Mhamaí
Go dtí go raibh Mamaí trína chéile
Ag iarraidh a chur in iúl di
Nach féidir sin a dhéanamh.

Mar ní íosfaidh caora oráiste
Is tháinig na deora le hÉabha
Mar ní fheadfaidh éinne, Mamaí fiú,
Oráiste a thabhairt do chaora.

Ní fhéadfaidh éinne, Mamaí fiú,
Oráiste a thabhairt do chaora.

Éabha bhocht!

Cén Fáth?

Nuair a théann na héin
Go hard san aer
Cén fáth nach mbuaileann siad an spéir?

Cén fáth?

Samhradh

An ghrian ag taitneamh go hard sa spéir,
Feirmeoir ag baint an fhéir,
An bheach ag dul ó bhláth go bláth
Is mé istigh gach uile lá –
Istigh sa rang ar feadh an lae ...
Lig amach sinn in ainm Dé!

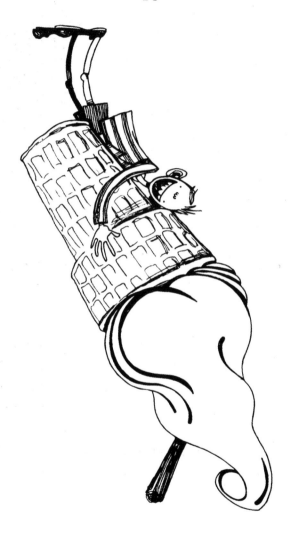

Oíche Shamhna

Oíche Shamhna
Hip! Hurae!
Báirín breac
Yum! Yum!
Don tae.

Masc is hata,
Cailleach mé.
Oíche Shamhna
Hip! Hurae!

Ár Labrador

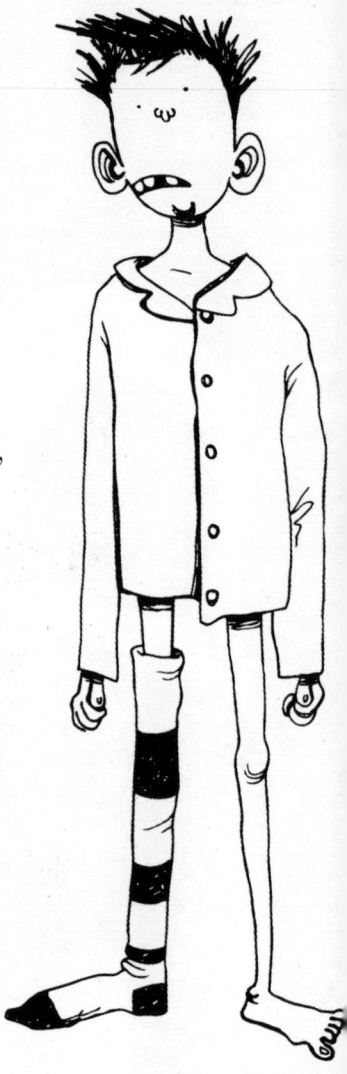

Ólann sé as an leithreas
Widdle-widdle-wee,
Ólann sé as an leithreas
Happy as can be;

Ólann sé as an leithreas,
His tongue goes flick-flick-flick,
Ólann sé as an leithreas
And never once gets sick.

Yuck!

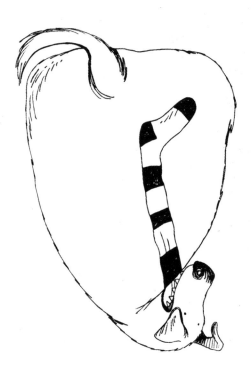

Ag an Trá

Nuair a bhíonn tú ag spraoi cois farraige
Téann gaineamh id' bhundún
Is bíonn sé cosúil le páirín
Nuair a ritheann tú;

So, away leat go dtí an leithreas
Is glanann do bhundún
Go dtí go mbíonn do thóin *alright*
Is gach éinne arís i dtiúin.

Tar Éis an Chluiche

Nuair a bhí an cluiche imeartha
Is na foirne tagtha isteach
Tugadh cupán plaisteach
Lán de *7-UP*
Do chách.
Ach thit cupán Val
Is leath a dheoch
Ina lochán
Ar an urlár.
Ní raibh a thuilleadh *7-UP*
Le fáil.
So
Bhain Val a gheansaí de
(A gheansaí salach
Ar maos le hallas)
Agus shúigh sé suas
An *7-UP*

Lena gheansaí.
Bhrúigh sé an t-iomlán
Isteach ina chupán
Is d'ól sé é,
Gach braon de
Is níor thóg éinne
Aon cheann de.

Sin caid duit.

Yuck!

Mo Chamán

Clé! Deas! Clé! Deas!
Ag máirseáil síos an halla,
Camán agam mar ghunna;
Stad! Cas ag an bhfalla!

Saighdiúir mé, a Mhamaí.
(Tá camán thar barr –
É inniu mar ghunna,
Amárach mar ghiotár).

An tAmhrán!

Osclaíonn an t-amhrán
Amach ó lár mo chroí.
Is mise an t-amhrán anseo,
Is mise an t-amhrán.

Canaimse mo dhóchas,
Canaimse mo ghrá,
Canaimse mo sholas,
Canaimse mo chrá.

Istigh i gcúinne tábhairne
Im' aonar, cúl le balla.
In áit a bheith im' popstar
In Amhardann, Páirc nó Halla.

Istigh i gcúinne tábhairne
Ag canadh dom féin amháin,
Is mise an t-amhraní anseo,
Is mise an t-amhrán.